Savais-tu?

Les Goélands

T0204660

Alain M. Bergeron
Michel Quintin
Sampar

Illustrations de Sampar

ÉDITIONS
MICHEL
QUINTIN

Catalogage avant publication de Bibliothèque et Archives Canada

Bergeron, Alain M., 1957-

Les goélands

(Savais-tu? ; 29)
Pour enfants de 7 ans et plus.

ISBN-13: 978-2-89435-315-8
ISBN-10: 2-89435-315-4

1. Goélands - Ouvrages pour la jeunesse. 2. Goélands -
Ouvrages illustrés - Ouvrages pour la jeunesse. I. Quintin,
Michel, . II. Sampar. III. Titre. IV. Collection: Bergeron,
Alain M., 1957-   . Savais-tu? ; 29.

QL696.C46B47 2006   j598.3'38   C2006-940505-0

Révision linguistique : Rachel Fontaine

 Le Conseil des Arts du Canada
The Canada Council for the Arts

 SODEC Québec

Patrimoine   Canadian
canadien   Heritage

La publication de cet ouvrage a été réalisée grâce au
soutien financier du Conseil des Arts du Canada et de la
SODEC. De plus, les Éditions Michel Quintin bénéficient de
l'aide financière du gouvernement du Canada par l'entremise
du Programme d'aide au développement de l'industrie de
l'édition (PADIÉ) pour leurs activités d'édition.

Gouvernement du Québec – Programme de crédit d'impôt
pour l'édition de livres – Gestion SODEC

ISBN 2-89435-315-4
ISBN 978-2-89435-315-8

Dépôt légal - Bibliothèque et Archives nationales du Québec, 2006
Dépôt légal - Bibliothèque nationale du Canada, 2006

Éditions Michel Quintin
C.P. 340, Waterloo (Québec)
Canada J0E 2N0
Tél.:   450-539-3774
Téléc.: 450-539-4905
www.editionsmichelquintin.ca

06-STRO-1

Imprimé au Canada

Savais-tu qu'il existe environ 45 espèces de goélands et de mouettes? On les retrouve partout à travers le monde. La majorité vivent sur ou près des côtes.

IL NOUS FAUDRAIT UN PEU PLUS DE PRÉCISIONS...
LE VOLEUR, C'ÉTAIT UNE MOUETTE OU UN GOÉLAND!

Savais-tu que la différence entre une mouette et un goéland est très arbitraire? Dans plusieurs langues, mouettes et goélands portent le même nom.

Savais-tu que certains goélands peuvent boire de l'eau salée?
Ils possèdent deux glandes spéciales qui peuvent extraire le
sel du sang avant qu'il ne soit éliminé par les narines de
l'oiseau.

PUIS-JE FAIRE AUTRE CHOSE POUR VOUS?

Savais-tu que les goélands et les mouettes sont omnivores?
Ils mangent des poissons, des crustacés, des mollusques, des
insectes, des petits fruits, des œufs et de la charogne.

Savais-tu que certains individus vont aussi s'attaquer aux oiseaux et aux petits mammifères?

Savais-tu que les mouettes et les goélands régurgitent les parties indigestes de leur repas sous forme de pelotes?

Savais-tu que certaines espèces, tel le goéland bourgmestre, vivent dans la région arctique et consomment des fèces de mammifères marins?

Savais-tu que certaines espèces de mouettes et de goélands font de la piraterie? En effet, elles dérobent les proies capturées par d'autres oiseaux de mer.

Savais-tu que c'est en volant contre le vent que le goéland peut voltiger au-dessus d'un bateau sans avancer? Il peut ainsi facilement plonger et cueillir la nourriture jetée à la mer par les pêcheurs.

Savais-tu qu'on a déjà observé un goéland brun voler un poisson à un requin?

Savais-tu que pour pouvoir manger l'intérieur de certains coquillages, plusieurs espèces de goélands les brisent en les laissant tomber du haut des airs sur les rochers en contrebas?

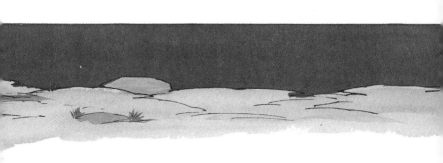

Savais-tu que certains individus vont même laisser tomber les coquillages sur les routes et les courts de tennis?

Savais-tu que certains goélands emploient aussi cette technique pour tuer des petits lapins?

Savais-tu que plusieurs espèces de goélands ont une grande capacité d'adaptation? C'est d'ailleurs grâce à cette faculté qu'elles ont appris à vivre près des humains et à profiter de l'abondance de nourriture dans les dépotoirs.

Savais-tu que si les goélands suivent les charrues qui labourent les champs, c'est pour récupérer les souris, les vers de terre et autres invertébrés qui sont ainsi extraits du sol?

Savais-tu que l'espèce que l'on retrouve dans nos villes est le goéland à bec cerclé? Vidangeur, cet oiseau mange à peu près de tout : pommes frites, restes de pique-nique, déchets, etc.

Savais-tu que les goélands et les mouettes nichent en colonies comptant souvent des milliers de couples? Une des plus grandes colonies de goélands à bec cerclé a été estimée à plus de 82 000 couples.

Savais-tu que les femelles pondent généralement trois œufs par couvée?

Savais-tu que la couvaison, d'une durée moyenne d'un mois, est assurée par les deux parents?

Savais-tu que les adultes emmagasinent des quantités substantielles de nourriture dans leur jabot? Celle-ci est ensuite régurgitée à leurs jeunes.

Savais-tu que pour faire comprendre à l'adulte qu'il a faim, le petit goéland argenté donne des coups sur la marque rouge que son parent a sur le bec? Aussitôt, celui-ci lui régurgite de la nourriture.

Savais-tu que si le nouveau-né franchit les limites du territoire de ses parents, il sera brutalement attaqué et parfois même tué par les oiseaux du territoire voisin?

Savais-tu que près de 70 % des oisillons d'une colonie de goélands argentés ont déjà été tués de cette façon?

Savais-tu que les individus des deux sexes sont semblables physiquement? Par contre, les mâles sont un peu plus grands que les femelles.

Savais-tu que certains goélands ont vécu plus de trente ans?

Savais-tu qu'avec ses 79 centimètres de long et son poids de 2 kilos, le goéland marin est le géant du groupe?

Savais-tu que parmi tous les goélands et les mouettes, le goéland à bec cerclé est l'espèce la plus abondante en Amérique du Nord? La récente explosion démographique de cet oiseau protégé en fait une réelle nuisance.

Savais-tu qu'en se rassemblant sur les pistes d'aérodromes, les goélands et les mouettes constituent un véritable danger pour l'humain? Un seul oiseau aspiré par le moteur d'un avion à réaction peut provoquer l'écrasement de l'appareil.

Savais-tu qu'en milieu urbain, on compte de plus en plus d'incidents causés par ces oiseaux? Durant la saison de reproduction, les adultes, qui peuvent devenir très agressifs,